Salida 8

Jennifer Degenhardt & Diego Ojeda

Carátula, contracarátula e ilustraciones interiors: Jisseth Fierro. jissethfierro@gmail.com.

For all who make the journey.

ÍNDICE

AGRADECIMIENTOS

Special thanks to Isaías, a real person and friend of one of the authors, who recently made the journey to the United States and who, in part, inspired this story.

NOTA DE LOS AUTORES

There are as many reasons that people leave their home countries to emigrate to others, perhaps as many reasons as their are humans who migrate. The push-pull factors surrounding human migration is often only viewed through a political lens. Through this story, we welcome readers to see immigrants as people first.

Capítulo 1
La llegada

—Estamos aquí —me dice Humberto.

Entramos en un apartamento. El apartamento no es muy grande.

En el apartamento hay seis hombres.

—Hola a todos, soy Isaías.

Los hombres me hablan:

—Hola, Isaías. Me llamo David. Soy de El Salvador.

—Bienvenido. Soy salvadoreño también. Me llamo José.

—Hola —me dice otro hombre—. Me llamo Igor. Soy nicaragüense.

—Me llamo Nicolás.

—Me llamo Ronaldo. Soy hondureño.

—Hola. Me llamo Jesús. Soy de Ecuador.

Hay muchos hombres y muchos nombres nuevos.

—¿Tienes hambre? —me pregunta Humberto.

—No, no tengo hambre, pero tengo sed —le digo.

David dice —Aquí hay agua.

—Gracias —le digo.

Tengo mucho sueño. Quiero dormir.

El viaje a los Estados Unidos es largo y difícil. Tengo que dormir.

Humberto me da agua.

—Aquí tienes, Isaías. Bienvenido.

—Gracias, amigo. Tengo mucho sueño.

—Tienes que dormir. Mañana temprano vamos a la salida 8 para buscar trabajo.

¿A la salida 8?

Quiero preguntarle a Humberto, pero tengo mucho sueño.

Mañana...

Mañana voy a pedir más información.

¡Hola!

Glad we caught you...

We wanted to let you know about the poems that you'll find at the end of each chapter. They are poems written by the main character. He likes to write and wants to share more of his thoughts with you through his poetry.

Enjoy!

La llegada

Estoy aquí
Estoy cansado
¿En dónde estoy?

Quiero descansar
Quiero dormir
Quiero soñar.*

Tengo preguntas
Tengo sed
Tengo ilusiones,
Quiero un buen futuro imaginar.

*soñar: to dream.

Capítulo 2
¿Trabajo?

Es la mañana, pero está oscuro.

—Vamos, Isaías —me dice Humberto.

—Voy —le digo.

Son las cuatro y media de la mañana. Está oscuro y hace frío.

—¿Adónde...? —le pregunto a Humberto.

—Vamos a la salida 8.

—¿Qué es la salida 8? —le pregunto.

—Es un lugar para buscar trabajo.

Tengo miedo. Todo es nuevo.

Humberto, otros tres hombres y yo vamos a la salida 8.

*****

Llegamos a la salida 8.

Hay otros hombres en el lugar.

El lugar está en la salida 8 de la autopista.

—Buenos días, Rafael. Buenos días, Pepe —les dice Humberto—. Quiero presentarles a Isaías. Es de mi pueblo.

—Buenos días, Isaías. Me llamo Rafael. Soy de Colombia.

—Hola. Soy Pepe. Soy mexicano.

—Hola —les digo—. Soy Isaías.

—¿Estás aquí para trabajar también? —me pregunta Pepe.

—Sí. Tiene usted razón. Estoy aquí para trabajar para mi familia en mi país —le digo.

—Nosotros también.

Soy joven. Tengo 26 años; soy joven. El viaje a los Estados Unidos es difícil para todas las personas, especialmente para las personas viejas.

—Tengo 53 años —me dice Pepe—. Tengo suerte de estar aquí. Tengo cuatro años en este país.

Quiero pedirle más información, pero Humberto habla:

—Este lugar, la salida 8, es un lugar para buscar trabajo. Las personas que necesitan trabajadores[1] llegan aquí y nos dan trabajo.

—¿Y hay trabajo? —le pregunto.

—Unos días sí. Otros días, no —me dice Humberto.

Nosotros estamos en la salida 8 todo el día. No hay trabajo hoy. Hace frío.

Tengo hambre y tengo sed.

Todo es nuevo. Es difícil para mí.

---

[1] trabajadores: workers.

La salida 8

Es la mañana
Pero no hay sol.
Hace frío afuera*
Pero está congelado**
mi corazón.

La salida en la autopista
es la entrada a una nueva vida.
Me llamo Isaías,
y no importa si es lunes o sábado,
en este país quiero trabajar.

*afuera: outside.
**congelado: frozen.

Capítulo 3
Recuerdos[2]

Estoy solo en el apartamento. Los otros hombres no están.

Saco la foto de mi familia y la miro³. La foto es vieja, pero es mi foto favorita. Es una foto de mi esposa y mis hijas en la casa.

Mi esposa se llama Amalia.
Ella es bonita. Tiene ojos cafés y pelo café.
Ella tiene el pelo largo.
Amo a mi esposa.
La amo⁴. Mucho.
Mis hijas se llaman Maricela y Juanita.
Maricela tiene nueve (9) años y Juanita tiene tres (3) años.
Amo a mis hijas. Las amo. Mucho.

¿Por qué estoy aquí? ¿Por qué no estoy con mi familia?

Estoy en los Estados Unidos porque hay más trabajo aquí. Hay más oportunidades para trabajar.

En mi país hay muchas cosas. Hay muchas plantas, muchas frutas y muchos lugares bonitos. Pero no hay trabajo. No hay

---

³ la miro: I look at it.
⁴ la amo: I love her.

trabajo para todos. No hay trabajo y es difícil vivir sin dinero.

Estoy aquí por siete días.

Quiero estar en mi casa en mi país. Quiero estar con mi familia. Quiero hablar con mi esposa. Quiero hablar con mis hijas.

Pero no es posible. Es imposible. No tengo teléfono.

Estoy aquí ahora. Estoy en los Estados Unidos para trabajar. Quiero trabajar. Tengo que trabajar mucho.

Pero yo no trabajo. No hay trabajo. No hay trabajo todavía[5].

No hay trabajo en mi país y no hay trabajo aquí – por ahora.
Pero tengo suerte. Estoy aquí. Llegué[6] a los Estados Unidos. Unas personas no llegan

---

[5] todavía: yet.
[6] llegué: I arrived.

porque el viaje es difícil y peligroso[7]. Unas mueren[8] y otras son deportadas[9].

Miro la foto. Me gusta todo en la foto.

Me gusta el pelo de mi esposa.
Me gustan los ojos de mis hijas.
Me gusta nuestra casa.
Me gustan las orejas[10] y la nariz[11] del perro.
Me gustan los sonidos[12] de nuestro pueblo: los sonidos naturales, los sonidos de las personas y los sonidos de los animales.

Me gusta mucho mi país.

Un día quiero regresar. Voy a regresar.

Pero primero tengo que trabajar. Quiero trabajar.

Quizás mañana.

---

[7] peligroso: dangerous.
[8] mueren: (they) die.
[9] deportadas: deported.
[10] orejas: ears.
[11] nariz: nose.
[12] sonidos: sounds.

Siete días

Siete días tiene la semana y
en el calendario de mi corazón,
cada uno otro nombre adoptó.*

El lunes es de Amalia, mi amor.
El martes el de la pequeña Juanita.
El miércoles el de Maricela, la mayor.**

El jueves es de mis padres.
El viernes de mis hermanos es.

El sábado de mis amigos más cercanos.***
El domingo para mi,
pues ese día preparo mi corazón
para una nueva semana
en la que cada día
trabajo con amor.

*adoptó: (it) adopted.
** la mayor: the older.
***cercanos: close.

Capítulo 4
A la salida 8

Hace frío.

Es muy diferente a mi país.

Tengo mucho frío aquí...

Estamos aquí en la salida. Nosotros queremos trabajo. Somos ocho hombres. Los otros no tienen frío porque tienen ropa buena para el frío.

—Hola, Isaías —me dice Pepe. Pepe es el hombre viejo del grupo. —¿Cómo estás? —me pregunta.

—Buenos días, Pepe. Estoy bien. ¿Y usted? ¿Cómo está?

—Bien, gracias. ¿Hay trabajo hoy? —le pregunto.

—Sí. Tienes que ser positivo —me dice Pepe.

En ese momento llega una camioneta. El hombre en la camioneta es estadounidense, pero habla un poco de español.

Él dice:

—Necesito seis a trabajar a mi casa. Quiero igual hombres ayer[13].

Los otros seis hombres van en la camioneta.

Pepe y yo no vamos con el grupo. Nosotros no trabajamos ayer.

¿Vamos a trabajar hoy?

---

[13] quiero igual hombres ayer: quiero los mismos hombres que ayer.

Sí. Vamos a trabajar hoy. Tengo que ser positivo.

La camioneta sale. El grupo nos deja en la salida 8, Pepe y yo. Estamos solos.
La camioneta sale, pero nos deja. Solos.

Estoy un poco triste, pero Pepe no está triste. Pepe es muy positivo.

—Isaías, al principio... en los Estados Unidos es muy difícil. Muy difícil. Una persona no está con su familia, no está en su país.

—Pepe, es muy difícil. No estoy con mi familia. Amo a mi esposa y a mis hijas —le digo.

—Sí. Tú estás aquí porque amas a tu familia. Quieres una mejor vida para ellas ¿no?

—Sí. Tiene razón —le digo.

—Yo amo a mi familia también. Y yo también quiero estar con mi esposa y mis hijos —me dice Pepe.

—Y ¿por qué estás aquí, Pepe? —le pregunto.

—Ay, Isaías. La situación es muy difícil en mi país. ¿No es difícil en tu país?

—Sí lo es. No hay mucho trabajo —le digo.

—Es similar en mi país. No hay trabajo. Y tengo una granja[14], pero no hay agua para las plantas.

Hace viento y hace mucho frío. Es horrible.

Pepe habla más: —Si no hay agua, no hay plantas. Si no hay plantas, no hay fruta. Si no hay fruta, no hay trabajo...si no hay trabajo...

—Es una situación horrible, Pepe. Es muy difícil —le digo.

—Estoy de acuerdo. Estoy de acuerdo, Isaías —me dice Pepe.

—Y ¿hay suficiente trabajo aquí? —le pregunto.

---

[14] granja: farm.

—Sí. Hay trabajo —me dice Pepe—. Tienes que estar positivo.

Quiero trabajar. Quiero trabajar porque necesito pagar la renta. También tengo que trabajar para mi familia.

Tengo un sueño...un sueño de una vida buena en mi país...

Pero, en ese momento, otra camioneta llega. El hombre no sale de la camioneta y no habla español:

—*I need two guys* —dice el hombre—. *I pay at the end of the day.*

Yo no hablo inglés. Le pregunto a Pepe —¿Qué dice el hombre?

—Tiene trabajo. Paga al final del día.

Pepe le habla al hombre —OK. *We work.*

Vamos en la camioneta con el hombre.

Vamos a trabajar.

Sueños

El frío es más intenso
cuando no hay trabajo.
Las plantas no crecen*
sin el agua.
Estoy triste
sin esperanza.**

Los amigos son
como el sol.
Traen el calor
en el invierno.***
Traen el agua
Para que crezca**** la ilusión.

---

*crecen: (they) grow.
**esperanza: hope.
***invierno: winter.
****crezca: grows.

El sueño no es el dinero,
es el calor, es el agua,
es la prosperidad,
es poder dormir
y feliz despertar.*

En los Estados Unidos estoy,
pero junto a mi familia
está mi corazón.

*despertar: to wake

Capítulo 5
¡Trabajo!

Estamos en la camioneta. Pepe y yo no hablamos. Y el hombre estadounidense no nos habla.

Hay silencio.

Estoy feliz. Voy a trabajar hoy. Voy a trabajar para mi familia. Sí, estoy feliz.

*****

Llegamos.

Hay muchos otros hombres. Unos hombres trabajan. Otros hablan.

El hombre de la camioneta dice —*Those trees over there. You are going to cut them down and take them away.*

Miro a Pepe. Pepe me dice —Vamos a cortar los árboles pequeños.

—Está bien.

Pepe y yo trabajamos mucho.
Trabajamos duro.

Los árboles no son grandes, pero hay muchos árboles.

Trabajamos todo el día.
Ya es tarde.
Trabajamos por nueve horas.
El trabajo es difícil.

Después de nueve horas. Regresamos a la salida 8 con el hombre.

El hombre nos deja.

—Gracias por la oportunidad de trabajar —le digo al hombre.

—*You pay us?* —pregunta Pepe.

El hombre saca el dinero.

Nos da 40 dólares cada uno.

Pepe no está feliz. —Señor, trabajamos todo el día. *We work all day*. No es suficiente.

El hombre solo dice «*sorry*» y sale en su camioneta.

Estoy triste. Trabajo mucho, pero no gano mucho.

No, no estoy feliz. Estoy triste.

Árboles

¡Estoy listo!

vengo a trabajar

Quieres que corte*árboles,

por eso me vas a pagar.

No sé cómo cortar un árbol

Solo me gusta plantar.

Pero aquí vengo a trabajar,

y nada voy a preguntar.

Me pides 30 árboles cortar

y pienso que 8 horas voy a necesitar.

No importa,** está bien.

Por mi familia hasta 24 horas

puedo trabajar sin parar.***

*corte: I cut.
**no importa: it doesn't matter.
***parar: to stop.

Mi padre me enseñó*

Que cualquier** trabajo es dignidad.

Todo el día voy a trabajar

Pues con dignidad,

cada dólar voy a ganar.

*me enseñó: he taught me
cualquier: whichever.

Estoy solo esta mañana en la salida 8.

Es temprano.

Busco otro trabajo.

Yo quiero un trabajo diferente del otro día. ¿Un trabajo similar? No. No gracias.

Un hombre llega. Sale de la camioneta y me da la mano.

—*Hi, I'm George*. Jorge. Mucho gusto —me dice.

Tengo una sonrisa grande. El español de George no es muy bueno, pero me gusta.

—Hola, soy Isaías.

—¿Necesitas trabajo, Isaías? —me pregunta.

—Sí, señor. Lo necesito. Y me gusta trabajar.

—Bueno. Bueno. ¿Tú vas con mí? —me pregunta.

Me gusta George. Me gusta trabajar. Yo necesito el dinero. Yo quiero el dinero. Tengo que mandar dinero a mi familia, pero...

—¿Cuánto paga usted? —le pregunto.

George habla —*I pay* bueno, Isaías. 10 dólares una hora. ¿Es bueno?

—Sí, señor. Es muy bueno. Gracias.

Voy con George en su camioneta.

*****

Llegamos a una casa grande, muy grande.

La casa no está en la ciudad, está en el suburbio.

Tengo muchas preguntas.

¿Es una casa particular?
¿Quién vive aquí?
¿Por qué tienen una casa muy grande?

—Vamos, Isaías —me dice George—. Te presento a los otros trabajadores.

Como el otro día, hay muchos hombres en el lugar. Todos trabajan. Hay unos hispanos aquí. Estoy feliz. ¿Hablan español?

George me presenta al grupo en español:

—Hombres, es Isaías. Él gusta trabajar[15]. Trabajar con ustedes[16] —dice George.

---

[15] él gusta trabajar: le gusta trabajar.
[16] trabajar con ustedes: él trabaja con ustedes.

Todos me dicen «hola» y «bienvenido».

Un hombre me dice —Isaías, vas a trabajar con nosotros ¿OK?

—Muy bien —le digo—. Gracias.

—Si necesitas agua, hay agua allí —me dice el otro.

Estoy feliz. George es bueno. Y los trabajadores son buenos también. Es un buen lugar para trabajar.

Trabajamos todo el día. Cuando tenemos hambre y tenemos sed, no trabajamos por un tiempo. Todos los hombres hablan mucho. Son buenos, no son malos.

Durante el tiempo que no trabajamos, llega un oficial. ¿Un hombre de negocios[17]? Él tiene ropa muy formal. Le habla a George primero y le habla en inglés.

Después de unos minutos, el hombre habla con nosotros:

---

[17] hombre de negocios: businessman.

—Hola, hombres. ¿Cómo están ustedes?

¿Qué? ¿¿Qué??

¿Cómo...?

¿El hombre oficial[18] habla español? Sí, el hombre oficial habla español. ¿Por qué?

Los trabajadores hablan con él.

—Hola señor Goodman. ¿Cómo está usted?

El hombre oficial, el señor Goodman, es muy bueno también. Él nos dice —Ustedes hacen buen trabajo aquí. Va a ser un centro comunitario muy bueno. Gracias por su trabajo.

Tengo muchas preguntas.

¿Quién es él? —le pregunto a otro trabajador.

—Es un representante en el gobierno aquí. Es representante en Washington D.C. —me dice.

---

[18] hombre oficial: here, politician.

—Tengo que irme —le digo—. No tengo documentos.

—No. Está bien. El señor Goodman trabaja con un programa del gobierno que trabaja con personas sin documentos. Es muy buena persona.

El señor Goodman me habla y me da la mano —Hola, soy Jamey Goodman. ¿Cómo se llama?

—Me llamo Isaías. Mucho gusto señor.

—El gusto es mío[19] —me dice—. Gracias por su trabajo aquí.

—Señor, disculpe. ¿Cómo habla usted español? —le pregunto.

—Viví[20] en Latinoamérica por muchos años. Me gusta la cultura latinoamericana y me gusta el español —me dice con una sonrisa.

—Qué interesante —le digo.

---

[19] el gusto es mío: the pleasure is mine.
[20] viví: I lived.

—Este centro comunitario es muy importante. Es un centro para todas las personas sin documentos en la región.

Impresionante. Este señor Goodman es interesante, inteligente y le gustan las personas.

Al final del día, George me habla:

—Isaías, un buen día de trabajar. ¿Cuántas horas?

—Ocho horas, señor.

—Aquí 80 dólares. Eres trabajador bien. ¿Quieres regresar mañana?

—Sí, señor. Me gusta el trabajo. Voy a regresar mañana. Gracias.

—Hasta mañana, Isaías.

Una nueva oportunidad

Es un nuevo día,
y en el nuevo trabajo
todos me dan la bienvenida.*

Es un nuevo día
y hoy los árboles no voy a cortar.
Hoy el sol está feliz
y en la cara de los hombres
se refleja** la felicidad.***

El sol está feliz
porque ve que
con nuestras manos,
un centro comunitario
vamos a edificar.****

*bienvenida: welcome.
**se refleja: (it) reflects.
***la felicidad: happiness.
****edificar: to build.

Hoy es un nuevo día
y en español o en inglés
solo se escucha felicidad.

Capítulo 7
En el apartamento

Estoy en el apartamento. Hay muchos hombres en el apartamento también.

—Hola, Isaías. ¿Cómo estás? —me pregunta Humberto—. ¿Y el trabajo?

—Hola Humberto. Estoy bien, gracias. El trabajo es muy bueno. Voy a regresar mañana.

—Excelente, hombre. ¿Y te pagan bien? —me pregunta Humberto.

—Sí. Tengo suerte. Me pagan diez (10) dólares a la hora —le digo.

—Qué bien, hombre. ¡Felicidades! —dice Humberto.

Estoy feliz. Quiero hablar con mi esposa, pero no es posible todavía. Necesito más dinero y voy a comprar un teléfono.

Y voy a mandar dinero a mi familia.

Humberto me habla otra vez:

—Isaías, nosotros vamos a un restaurante latino. ¿Quieres ir con nosotros?

—Sí. Gracias. Quiero ir. Tengo hambre y tengo que comer.

—Vamos en treinta (30) minutos.

— Está bien. Gracias.

Hoy es el principio. Hoy es el principio de mi sueño. Quiero tener mi sueño de ganar dinero. Quiero mandar dinero a mi familia.

Un buen trabajo

El apartamento ya frío no es.
El nuevo trabajo me da fuerza,[*]
me da vigor.

Mi nombre ya no es "el nuevo"
Me llamo Isaías
Y todos saben quien soy.

Cuando el trabajo es bueno,
cuando te pagan bien
es más fácil sonreír,[**]
es más fácil soñar.

*fuerza: strength.
**sonreír: to smile.

Mañana con Mr. George
voy a trabajar.
De lunes a sábado
todo el dinero
para mi familia voy a ahorrar.[*]

Capítulo 8
Ir al supermercado

Es domingo. Estoy en el apartamento.

Trabajo todos los días: los lunes, los martes, los miércoles, los jueves, los viernes y los sábados.

No trabajo los domingos.

Trabajo mucho en un mes. Trabajo seis días a la semana, de ocho a diez horas al día.

El centro comunitario en la casa grande necesita mucho trabajo. El centro va a estar listo en un año.

Me gusta mucho el trabajo. Me gustan los trabajadores también.

Y trabajar en el futuro centro comunitario me da una buena idea...

Pero, primero tengo que ir al supermercado. En el supermercado hay un banco. En el banco yo voy a mandar el dinero a mi familia.

Hace sol hoy, pero hace frío y hace viento. Salgo del apartamento y camino al supermercado solo.

*****

En el supermercado estoy solo. No estoy con uno de los otros hombres, David, José, Igor, Nicolás, Ronaldo o Jesús.

No tengo miedo, pero estoy nervioso. Mandar el dinero es muy importante. Voy a la parte del supermercado que tiene el banco.

Le hablo a una señora. Ella trabaja en el banco.

—*How can I help you?* —me dice.

¿Qué dice?

Estoy muy nervioso. Es muy importante mandar el dinero, pero no hablo inglés.

Le hablo en español.

—Buenos días. Quiero mandar dinero a mi familia en mi país —le digo a la señora.

—*Do you speak English?* —me pregunta.

—Quiero mandar dinero a mi familia —le digo.

—I don't understand what you want. And Lucia is not here yet. I can't help you. You'll have to come back —me dice.

Saco el dinero.

—Este dinero. Quiero mandar a mi familia —le digo.

Le doy el dinero.

—No. I can't take that. Mister, I can't help you. I don't know what you want and Lucia isn't here to translate. You'll have to come back.

La señora me dice «no». ¿Qué hago?

Estoy frustrado.

Estoy enojado.

Tengo que mandar el dinero. Pero no hablo inglés. Esta situación es horrible para mí.

Tengo dos meses en los Estados Unidos y mi familia no tiene dinero.

Frustrado y enojado, regreso al apartamento.

Dos idiomas

Hoy al banco voy a ir
y a mi familia dinero
voy a mandar.

En mi bolsillo,*
en forma de billetes**
muchos días de trabajo hay.

Mi corazón quiere cantar,
estoy feliz porque a mi familia
puedo ayudar.

Solo hay un inconveniente,
pues inglés no puedo entender.
No sé cómo el dinero mandar

*bolsillo: pocket.
**billetes: bills, as in currency.

Un poco triste y frustrado
regreso a casa con un nuevo plan.
Desde mañana
inglés voy a hablar.

Capítulo 9
En el lugar del trabajo

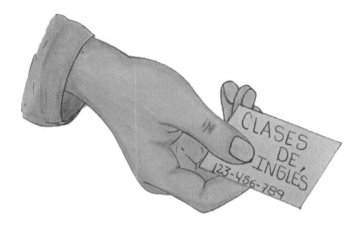

Es lunes. Es el principio de la semana.

Todavía estoy frustrado por la experiencia en el banco. Tengo el dinero, pero no puedo mandarlo a mi familia.

Pero, también estoy feliz. Tengo trabajo y tengo un buen trabajo que me paga bien.

Voy a ganar más dinero.

Estoy en el centro comunitario. Estoy con los otros trabajadores y con George también.

—Buenos días, hombres —dice George—. Tenemos mucho que hacer hoy. Dos semanas *to, uh...* completar trabajo.

El español de George no es perfecto. Pero George se comunica[21] con los trabajadores.

—Vamos, Isaías. Necesitamos trabajar — dice un amigo.

—Voy —le digo.

Si George habla en español y no es perfecto... El inglés para mí...

¿Por qué es muy difícil el inglés?

Es difícil, pero tengo que hablar inglés.

Sí, quiero regresar a mi país un día, pero estoy en los Estados Unidos ahora. Y quiero

---

[21] se comunica: he communicates.

comunicarme con otras personas aquí. Necesito hablar inglés.

Por la tarde, el Señor Goodman llega para hablar con George y habla con nosotros también.

—Hombres, el trabajo que ustedes hacen con esta casa para el centro comunitario es excelente. Gracias por todo el trabajo.

Es un buen hombre el señor Goodman.

—Y hombres, va a haber una celebración pública para el nuevo centro para todo el público. Quiero invitarlos. Y si puedo ayudar a ustedes, hablen[22] conmigo.

El señor Goodman va a salir, pero quiero hablar con él.

—Disculpe, Señor Goodman —le digo—. Tengo una pregunta para usted.

_____

[22] hablen: talk.

—Claro. ¿Cómo se llama otra vez? —me pregunta.

—Me llamo Isaías.

—Ah, sí. Gracias. Mi memoria...

—No hay problema, señor. Necesito un poco de información —le digo.

—Quiero ayudar —me dice—. ¿Qué información necesita usted?

—Necesito aprender el inglés —le digo.

—Es buena idea, Isaías. Aquí tienes un número.

El señor Goodman escribe un número en un papel y me lo da[23].

—Este número es para un centro comunitario que tiene clases de inglés para personas que quieren hablar.

—Muy bien, gracias.

---

[23] me lo da: he gives it to me.

Estoy nervioso...

—¿Y el precio de las clases? —le pregunto. No tengo mucho dinero extra.

—Las clases no cuestan[24] nada. Son parte de un programa del gobierno. Son gratis[25] —me dice.

—Excelente, señor Goodman. Muchas gracias por la información —le digo.

No estoy frustrado. Estoy feliz. Voy a hablar inglés.

Por el resto del día, tengo una sonrisa grande.

---

[24] cuestan: they cost.
[25] gratis: free.

Inglés

Tengo un plan.
Hoy al señor Goodman voy a preguntar,
cómo inglés muy rápido
puedo hablar.

Me gusta el español
pues con todos mis amigos aquí
me puedo comunicar.
Pero es necesario inglés poder hablar,
para ir al banco y a mi familia
el dinero mandar.

No soy de aquí,
todo es nuevo para mi.
Hablar inglés
en los Estados Unidos,
hace más fácil vivir.

Capítulo 10
En la clase de inglés

Después de trabajar un día, camino a la clase de inglés en otro centro comunitario. Estoy nervioso, pero estoy feliz.

Voy a la clase con Humberto y David. Ellos tienen más tiempo en los Estados Unidos. No hablan inglés, pero quieren hablar. Hablamos:

—Me dice que el inglés es muy difícil —dice David.

—Todo es difícil al principio —dice Humberto.

—Sí. El inglés es nuevo y va a ser difícil al principio —les digo—. Pero vamos a hablar. Tenemos que ser positivos.

En una semana es la celebración para el centro comunitario donde trabajamos. Quiero presentarme a las otras personas en inglés...

*****

En la clase de inglés, hay muchas personas de muchos países. Todos quieren hablar inglés.

—*Good evening class* —nos dice la profesora—. *Welcome to English class. Tonight we will learn how to introduce ourselves in English.*

Una señora que habla un poco de inglés nos dice —Buenas tardes, clase. Esta noche vamos a aprender a presentarnos en inglés

La profesora habla:

—*My name is Deirdre. I am from New York. I am from the United States.*

La profesora escribe las preguntas (en inglés):

¿Cómo te llamas?
¿De dónde eres?

OK. No es difícil. Es fácil. Escribo en mi cuaderno.

Todas las personas hablan en inglés:

My name is Anna. I am from Democratic Republic of Congo. I am Congolese.

My name is Pierre. I am from Haiti. I am Haitian.

My name is Mahmoud. I am from Pakistan. I am Pakistani.

My name is David. I am from Colombia. I am Colombian.

My name is Humberto. I am from Guatemala. I am Guatemalan.

Me presento en inglés. No es natural al principio, pero hablo más y más. Al final de la clase es más fácil.

Después de unas clases voy al banco. Voy a hablar con la señora en inglés. Voy a mandar el dinero a mi familia.

Estoy feliz. No estoy frustrado. Voy a escribir mucho en mi cuaderno.

Hello, my name is Isaías...

¡Hola otra vez!

Glad we caught you...

We're hoping you have enjoyed the story so far. We wanted to remind you to turn the page for the poem for this chapter. Isaías has more to tell you.

Enjoy and thanks for reading!

My nombre is

Hello my friends,
Mi nombre no es Andrés,
Me llamo Isaías
and I can speak
en español y en inglés.

I came here
hace unos días
y aunque* fácil no es,
now I'm very happy
porque puedo hablar inglés.

*aunque: though.

Muchos amigos tengo
en este país.
Cada uno de ellos
their family left.
They came here
para un mejor futuro buscar.

Si un día trabajando me ves
Don't forget to shake my hand
que en mi puedes confiar.**

confiar: to trust.

GLOSARIO

A
a - to, at
(estoy de) acuerdo - I agree
adoptó - it adopted
adónde - (to) where
afuera - outside
agua - water
ahora - now
ahorrar - to save
al - to the
allí - there
amas - you love
amigo(s) - friend(s)
amo - I love
amor - love
animales - animals
año(s) - year(s)
apartamento - apartment
aprender - to learn
aquí - here
árbol(es) - tree(s)
aunque - though
autopista - highway
ayer - yesterday
ayudar - to help

B
banco - bank
bien - well
bienvenida/o - welcome

billetes - bills, as in dollars
bolsillo - pocket
bonita/o(s) - pretty
buen/a/o(s) - good
buscar - to look for
busco - I look for

C
cada - each, every
café(s) - brown
calendario - calendar
calor - heat
camino - I walk
camioneta - truck
cansado - tired
cantar - to sing
cara - face
casa - house
celebración - celebration
centro - center
cercanos - close
ciudad - city
claro - of course
clase(s) - class(es)
comer - to eat
como - like, as
cómo - how
completar - to complete
comprar - to buy

71

(se) comunica - he communicates
comunicar/me - to communicate
comunitario - community (adjective)
con - with
confiar - to trust
congelado - frozen
conmigo - with me
corazón - heart
cortar - to cut
corte - I cut
cosas - things
crecen - they grow
crezca - it grows
cuaderno - notebook
cualquier - whichever
cuando - cuando
cuánta/o(s) - how much, many
cuatro - four
cuestan - they cost
cultura - culture

D
da - he gives
dan - they give
de - of, from
deja - he leaves behind
del - of, from the
deportadas - deported

descansar - to rest
desde - since
despertar - to wake
después - after
día(s) - day(s)
dice - s/he says
dicen - they say
diez - ten
diferente - different
difícil - difficult
dignidad - dignity
digo - I say
dinero - money
disculpe - excuse me
documentos - documents
dólar(es) - dollar(s)
domingo(s) - Sunday(s)
donde - where
dónde - where
dormir - to sleep
dos - two
doy - I give
durante - during
duro - hard

E
edificar - to build
el - the
él - he
ella - she
ellas/os - they
en - in, on
enojado - angry
enseñó - he taught

entender - to understand
entrada - entrance
entramos - we enter
eres - you are
es - s/he, it is
escribe - he writes
escribir - to write
escribo - I write
escucha - he listens
ese/o - that
español - Spanish
especialmente - especially
esperanza - hope
esposa - wife
esta/e - this
Estados Unidos - United States
estadounidense - United Statesian
estamos - we are
estar - to be
está - s/he, it is
están - they are
estás - you are
estoy - I am
excelente - excellent
experiencia - experience
extra - extra

F
fácil - easy
familia - family
favorita - favorite

felicidad - happiness
felicidades - congratulations
feliz - happy
final - final
forma - form
formal - formal
foto - photo
frío - cold
frustrado - frustrated
fruta(s) - fruit(s)
fuerza - force
futuro - future

G
ganar - to earn
gano - I earn
gobierno - government
gracias - thank you
grande(s) - big
granja - farm
gratis - free
grupo - group
gusta - it is pleasing
gustan - they are pleasing
gusto - pleasure
(mucho) gusto - nice to meet you

H
haber - to be
habla - he speaks
hablamos - we speak

hablan - they speak
hablar - to speak
hablen - talk
hablo - I speak
hace - s/he, it does,
    makes
hace (frío) - it's cold
hacen - they do,
    make
hacer - to do, make
hago - I do, make
hambre - hunger
hasta - until
hay - there is, are
hermanos - brothers
hijas - daughters
hijos - sons
hispanos - Hispanic
hola - hello
hombre - man
hombres - men
hondureño -
    Honduran
hora(s) - hour(s)
horrible - horrible
hoy - today

I
idea - idea
idiomas - languages
igual - equal
ilusiones - illusions
ilusión - illusion
imaginar - to imagine
(no) importa - it
    doesn't matter

importante -
    important
imposible -
    impossible
impresionante -
    impressive
inconveniente -
    inconvenient
información -
    information
inglés - English
inteligente -
    intelligent
intenso - intense
interesante -
    interesting
invierno - winter
invitarlos - to invite
    them
ir/me - to go

J
joven - young
jueves - Thursday
junto - together

L
la/las - the
largo - long
latino - Latino
latinoamericana -
    Latin American
Latinoamérica -
    Latin America
le - to, for him/her

les - to, for them
listo - ready
llama - s/he, it calls
llaman - they call
llamas - you call
llamo - I call
llega - s/he arrives
llegada - arrival
llegamos - we arrive
llegan - they arrive
llegué - I arrived
lo - it, him
los - them
lugar(es) - place(s)
lunes - Monday

M

malos - bad
mandar/lo – to send/it
mano(s) - hand(s)
martes - Tuesday
más - more
mayor - older
mañana - morning, tomorrow
me - me, to me
(cuatro y) media – 4:30
mejor - better
memoria - memory
mes(es) - month(s)
mexicano - Mexican
mi(s) - my
mí - me
mío - mine

miedo - fear
minutos - minutes
miro - I look at
miércoles – Wednesday
momento - moment
mucha/o(s) - many, much
mueren - they die
muy - very

N

nada - nothing
naríz - nose
natural(es) - natural
necesario – necessary
necesita - s/he, it needs
necesitamos - we need
necesitan – they need
necesitar - to need
necesitas - you need
necesito - I need
(hombre de) negocios – businessman
nervioso - nervous
nicaragüense – Nicaraguan
noche - night
nombre(s) - name(s)
nos - us, to us
nosotros - we

75

nuestra/o(s) - our
nueva/o(s) - new
nueve - nine
número - number

O

o - or
ocho - eight
oficial - official
ojos - eyes
oportunidad(es) -
    opportunity(ies)
orejas - ears
oscuro - dark
otra/o(s) - other

P

padre - father
padres - parents
paga - he, it pays
pagan - they pay
pagar - to pay
papel - paper
para - for
parar - to stop
parte - part
particular -
    particular
país(es) -
    country(ies)
pedir(le) - to ask
    (him) for
peligroso - dangerous
pelo - hair
pequeña/o(s) - small

perfecto - perfect
pero - but
perro - dog
persona(s) -
    person(s)
pides - you ask for
pienso - I think
plan - plan
plantar - to plant
plantas - plants
poco - little
poder - to be able
por - for
por qué - why
porque - because
posible - possible
positivo(s) - positive
precio - price
pregunta(s) -
    question(s)
pregunta - s/he asks
preguntar/le - to ask
    him/her
pregunto - I ask
preparo - I prepare
presenta - he
    presents
presentarles - to
    present to them
presentarme - to
    present myself
presentarnos - to
    present ourselves
presento - I present
primero - first
principio - beginning

problema - problem
profesora - teacher
programa - program
prosperidad – prosperity
pública/o - public
pueblo - town
puedes - you are able
puedo - I am able
pues - well, then

Q

que - that
qué - what
queremos - we want
quien - who
quién - who
quiere - s/he wants
quieren - they want
quieres - you want
quiero - I want
quizás - maybe

R

rápido - quickly
(tener) razón - to be right
recuerdos – memories
(se) refleja – it reflects
región - region
regresamos – we return

regresar - to return
regreso - I return
renta - rent
representante – representative
restaurante – restaurant
resto - rest
ropa - clothes

S

sábado(s) – Saturday(s)
saben - they know
saca - he takes out
saco - I take out
sale - s/he leaves
salgo - I leave
salida - exit
salir - to leave
salvadoreño – Salvadoran
sé - I know
sed - thirst
seis - six
semana(s) - week(s)
ser - to be
señor - sir, mister
señora - ma'am
si - if
sí - yes
siete - seven
silencio - silence
similar - similar
sin - without
situación - situation

sol - sun
solo(s) - alone
solo - only
somos - we are
son - they are
sonidos - sounds
sonreír - to smile
sonrisa - smile
soy - I am
soñar - to dream
su - his, their
suburbio - suburb
suerte - luck
sueño(s) - dream(s)
(tener) sueño - to be
    tired
suficiente -
    sufficient
supermercado -
    supermarket

T
también - also
tarde(s) -
    afternoon(s)
te - you, to/for you
teléfono - telephone
temprano - early
tenemos - we have
tener - to have
tengo - I have
tiempo - time
tiene - s/he, it has
tienen - they have
tienes - you have
toda/o(s) - all

todavía - yet
trabaja - s/he works
trabajador(es) –
    worker(s)
trabajamos – we
    work
trabajan - they work
trabajando - working
trabajar - to work
trabajo - I work
trabajo - job
traen - they bring
treinta - thirty
tres - three
triste - sad
tu - your
tú - you (informal)

U
un/a - a, an
unas/os - some
uno - one
usted - you (formal)
ustedes - you (plural)

V
va - s/he, it goes
vamos - we go
van - they go
vas - you go
ve - s/he, it sees
vengo - I come
ves - you see
vez - time, instance
viaje - journey, trip

vida - life
vieja/o(s) - old
viento - wind
viernes - Friday
vigor - vigor
vive - s/he, it lives
vivir - to live
viví - I lived

voy - I go

Y

y - and
ya - already
yo - I

ABOUT THE AUTHORS

Diego Ojeda

Diego Ojeda is a Spanish teacher in Louisville, Kentucky. Diego has written and published three CI poetry books and a short stories book. Diego is also an international Second Language Acquisition teacher trainer as well as a well-regarded teaching resources creator.

Diego shares most of his ideas and activities in his blog www.SrOjeda.com.

 @DiegoOjeda66

 @Sr_Ojeda

 www.youtube.com/c/DiegoOjedaEDU

 www.srojeda.com

Other books by Diego Ojeda

Poetry:

Corazón sin borrador
Poems about interpersonal relationships at school.

Acuerdo natural
Poems about the environment and our commitment to Earth.

Nostalgia migrante
Poems about the human experience of migration.

Short stories

Sonrisas ocultas
12 short stories about returning to school during the COVID-19 pandemic.

Jennifer Degenhardt

Jennifer Degenhardt taught high school Spanish for over 20 years and now teaches at the college level. At the time she realized her own high school students, many of whom had learning challenges, acquired language best through stories, so she began to write ones that she thought would appeal to them. She has been writing ever since.

Other titles by Jen Degenhardt:

La chica nueva | La Nouvelle Fille | <u>The New Girl</u> |
Das Neue Mädchen | La nuova ragazza
La chica nueva (the ancillary/workbook
volume, Kindle book, audiobook)
Salida 8
Chuchotenango | *La terre des chiens errants*

Pesas | *Poids et haltères*
El jersey | The Jersey | *Le Maillot*
La mochila | The Backpack | *Le sac à dos*
Moviendo montañas | *Déplacer les montagnes*
La vida es complicada | *La vie est compliquée*
Quince | Fifteen
El viaje difícil | *Un Voyage Difficile* | A Difficult Journey
La niñera
Fue un viaje difícil
Con (un poco de) ayuda de mis amigos
La última prueba
Los tres amigos | Three Friends | *Drei Freunde* | *Les Trois Amis*
María María: un cuento de un huracán | María María: A Story of a Storm | Maria Maria: un histoire d'un orage
Debido a la tormenta
La lucha de la vida | The Fight of His Life
Secretos
Como vuela la pelota

 @JenniferDegenh1

@jendegenhardt9

@puenteslanguage &
World LanguageTeaching Stories (group)

Visit www.puenteslanguage.com to sign up to receive information on new releases and other events.

Check out all titles as ebooks with audio on www.digilangua.co.